Leserabe
1. Lesestufe

Claudia Ondracek

Noch ein Tor!
Aufregende Fußballgeschichten

Mit Bildern von Leopé

Ravensburger Buchverlag

Bibliografische Information der Deutschen Nationalbibliothek:

Die Deutsche Nationalbibliothek verzeichnet diese Publikation
in der Deutschen Nationalbibliografie.
Detaillierte bibliografische Daten sind im Internet
über **http://dnb.d-nb.de** abrufbar.

1 2 3 12 11 10

Diese Ausgabe enthält die Bände
„Die Bolzplatz-Bande", „Die Bolzplatz-Bande macht das Spiel!" und
„Die Bolzplatz-Bande lässt nicht locker!" von Claudia Ondracek
mit Illustrationen von Leopé.
„Die Bolzplatz-Bande lässt nicht locker!" erscheint erstmals
mit der vorliegenden Ausgabe.

Ravensburger Leserabe

Umschlagbild: Leopé
Umschlagkonzeption: Sabine Reddig
Printed in Germany
ISBN 978-3-473-36316-2

www.ravensburger.de
www.leserabe.de

Inhalt

Claudia Ondracek

Die Bolzplatz-Bande

Mit Bildern von Leopé

Inhalt

Von wegen Taktik!

Endlich Pause!
Die „Turbo 5“ stürmen
in den Schulhof.

Die Turbo 5 sind:

Sie kicken sofort los:
mit einem Tennisball!
Mit einem Fußball kann das ja jeder!

Nur ins Tor will keiner.
Die fünf lassen lieber
den Ball tanzen.
Jeder spielt gegen jeden.

Maya schlägt einen Haken um Leon und schießt …

Der Ball prallt neben dem Tor ab.
„Daneben!“, ruft Juri und grinst.
„Der Schuss war aber gut“, sagt jemand.

Alle drehen sich um.
Das ist Jan, der Neue in der Klasse.
„Hier, euer Ball“, meint er zögernd.
„Spiel doch mit!“, ruft Maya ihm zu.
„Wir kämpfen Mann gegen Mann.“

Jan luchst Max sofort den Ball ab.
Er täuscht nach rechts an
und zieht links an Lea und Maya vorbei.
Schon hat er freie Bahn
und knallt den Ball ins Tor.

„Du hast es aber drauf“, schnauft Maya.
Da hat Jan den Ball schon wieder.

Max und Lea kleben ihm
an den Fersen.
Im Lauf legt er sich den Ball
zum Schuss vor – und trifft!

„Zwei Alleingänge reichen“, mault Leon.
„Lass uns auch noch mitspielen!“

„Tja, Profis hängen euch Bolzplatz-Spieler eben leicht ab“, schallt es vom Rand.
Da stehen Jakob und Tim.
Die spielen im Fußballklub Friedenau.

„Deine Technik ist echt gut“,
sagt Jakob zu Jan.
„Setz die doch lieber
bei richtigen Fußballern ein!“

„Technik kann jeder lernen!“,
meint Jan.

„Wir brauchen aber keinen Trainer“,
zischt Leon. „Wir wollen nur kicken!“
„Und wenn dir das nicht reicht“,
fügt Maya hinzu,
„dann spiel bei den Lackaffen da mit!“

Die Fußballer lachen laut auf
und ziehen Jan mit sich fort.

Rache stinkt!

Schweigend sitzt die Bolzplatz-Bande
am Nachmittag in ihrem Versteck:
hinter dem Ziegenstall im Tierpark.
Den Tierpark leitet Leas Vater.

Hier sind die fünf immer ungestört.
Und ungestört müssen sie sein,
wenn sie Pläne schmieden –
Rachepläne!

„Diese Lackaffen in Fußballschuhen!“, schimpft Maya wütend und wirft einen Stein in die Pfütze.
Platsch – die Wand des Stalls ist über und über mit Schlamm bespritzt.

„Ich hab's!", ruft Lea da.
„Wir verteilen Ziegenkötel
auf dem Fußballplatz.
Wie wohl braun gefleckte Fußballer
aussehen?"

„Super Idee!", rufen die anderen
und sammeln Tüten voller Ziegenkötel.

Am späten Nachmittag
schleichen die fünf zum Fußballplatz.

Kichernd werfen sie die Kötel
kreuz und quer über den Rasen.

Doch am Ausgang
versperren ihnen Jakob, Tim
und drei weitere Fußballer den Weg.
„Was habt ihr auf dem Platz verteilt?“,
zischt Jakob und reißt
Maya die Tüte aus der Hand.

„Igitt!“, ruft Jakob
und hält sich die Nase zu.

„Sammelt das sofort wieder auf“,
sagt Tim drohend.
„Wir wollen morgen hier spielen!“

„Dann spielt doch!“, erwidert Leon.
„Oder fallt ihr Profis so oft hin,
dass ihr Angst habt,
euch dreckig zu machen?“
„Mit Fußballschuhen rutscht keiner aus“,
meint Jakob scharf. „Ohne aber schon!“

Dann guckt er in die Runde.
„Mal sehen, wer sich dreckig macht:
Wir fünf spielen morgen Nachmittag –
und zwar gegen euch.
Wer verliert, muss den Platz säubern!“
Die Turbo 5 nicken.

Die Turbo 6

Als die Turbo 5
zum Fußballplatz kommen,
sind die Fußballer schon da.
Sie machen sich warm …

„Jetzt fegen wir euch vom Platz!“,
rufen die Fußballer.

„Angeber!“, zischt Maya
und zieht ihre Turnschuhe an.
„Euch zeigen wir’s!“

„Ihr fangt an“, sagt Jakob und legt den Ball auf den Anstoßpunkt.

Lea passt den Ball zu Max.
Der stürmt los und zielt …

Doch Tim hält den Ball.

Die Fußballer starten einen Gegenangriff
und lassen den Ball sicher
von Mann zu Mann laufen.

Als Leon versucht,
den Ball zu kriegen,
rutscht er ins Leere.
„Mist!“, flucht er und wischt sich
einen Ziegenkötel vom T-Shirt.

Da schießt Jakob
wie ein Pfeil aufs Tor zu …

… und knallt den Ball
an Juri vorbei ins Netz.
„1:0!“, jubeln die Fußballer.

Die Turbo 5 kämpfen verbissen.
Aber die Schüsse von Torjäger Jakob
kann Juri einfach nicht halten.

So steht es zur Halbzeit 1:4.
Die Turbo 5 lassen sich ins Gras fallen.
„Gebt ihr etwa schon auf?“,
fragen die Fußballer grinsend.
„Siege soll man nie zu früh feiern“,
sagt da plötzlich jemand.

Es ist Jan.
„Was machst du denn hier?“,
fragt Maya keuchend.
„Zuschauen“, entgegnet Jan.
„Tipps wollt ihr ja nicht!“
„Die würden auch nichts nützen“,
meint Jakob.
„Sei dir da nicht so sicher“, sagt Jan.

Die Fußballer ziehen lachend ab.
Die Turbo 5 schweigen betreten.

„Was für Tipps hast du denn?“,
fragt Lea in die Stille.
Da legt Jan los.

„Woher weißt du das alles?“,
fragt Max erstaunt.
„Ich hab in einem Verein gespielt“,
sagt Jan. „Als Torwart!“

„Das ist unsere Rettung!“, ruft Juri.
„Gehst du ins Tor?
Wir wechseln uns untereinander ab!“

Die Turbo 5 starren gebannt auf Jan.
Der grinst und nickt:
„Los, den Lackaffen zeigen wir's!“

Schon den ersten Schuss hält Jan.
Jakob flucht: „Wartet nur!“

„Auf was denn?“, fragt Jan
und schießt den Ball weit nach vorn.
Jakob sprintet hinterher, stolpert –
und landet in einem Ziegenkötel.
„Ich dachte, mit Fußballschuhen
fällt man nicht hin!“, ruft Juri.

Er nimmt den Ball im Lauf
und spielt eine Flanke vors Tor.
Maya köpft den Ball ins Netz.
„Super!“, brüllt Jan. „Weiter so!“
Er gibt vom Tor aus Tipps.

Die vier Spieler
geben alles.
Und Jan fliegt im Tor hin und her.

Bald steht es 4:4.
Da ruft Lea vom Rand: „Spiel-Ende!“
Die Turbo 5 fallen sich in die Arme.
Sie lassen Jan hochleben.

„Ab jetzt sind wir die Turbo 6“,
meint Juri. „Mit den Tipps von Jan
besiegen wir die Fußballer noch!“

„Das werden wir ja sehen“,
sagt Jakob und grinst.
„Für Bolzplatz-Spieler
habt ihr euch aber
echt gut geschlagen …“

„... und ihr Profis seid doch ganz schön dreckig geworden“, meint Leon. Alle lachen.

„Los, jetzt sammeln wir die Ziegenkötel auf“, schlägt Tim vor.
„Sonst können wir morgen nicht gegeneinander spielen!“

Wichtige Wörter beim Fußball

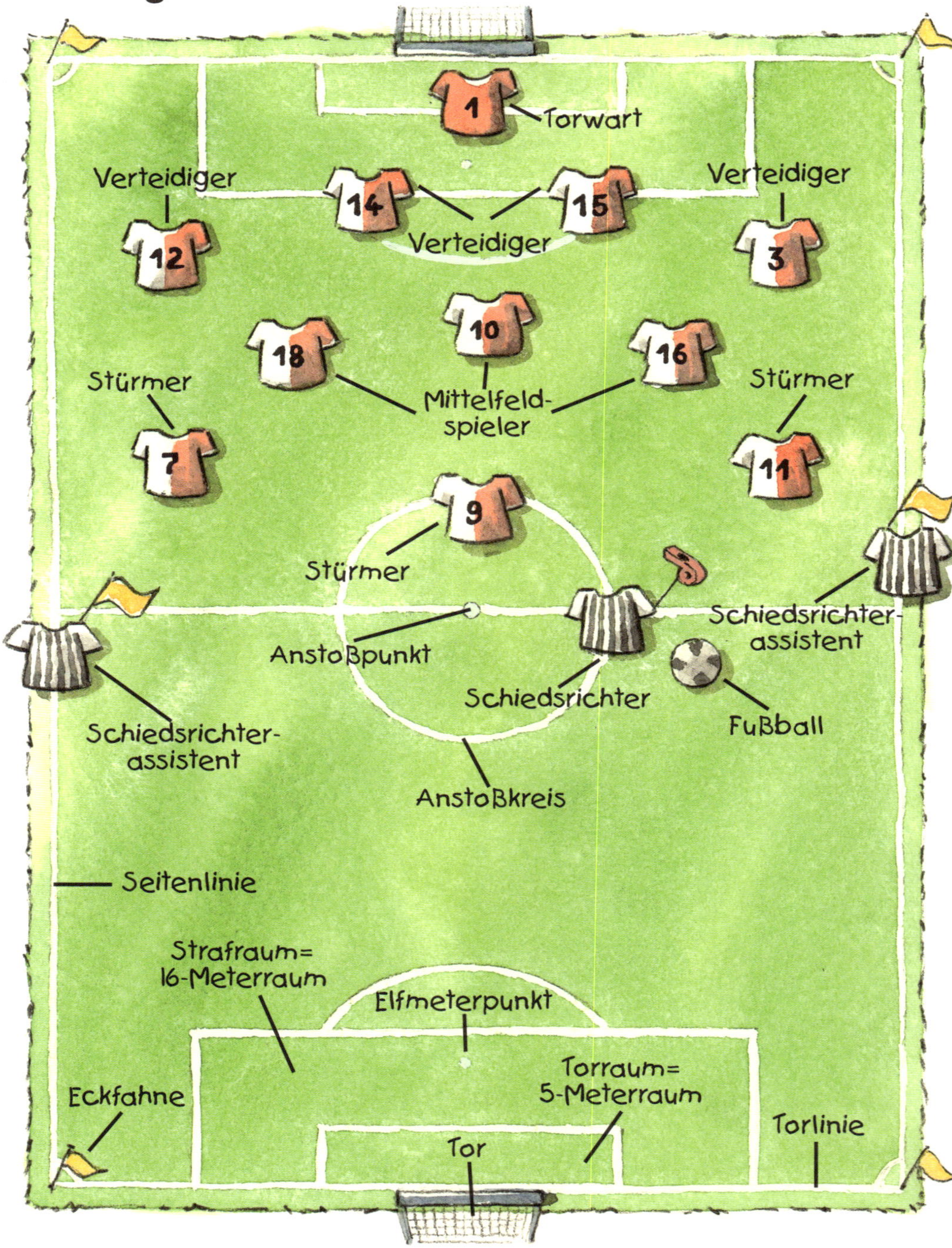

Abwehr: Spieler, die die Angriffe des Gegners abwehren (= Verteidiger).

Angriff: Spieler, die vor dem gegnerischen Tor spielen und Tore schießen sollen (= Stürmer).

Anstoß: Anspiel des Balls bei Spielbeginn, nach einem Tor oder nach der Pause.

Dribbeln: Den Ball nah am Fuß durch kurze Stöße vorantreiben.

Elfmeter: Strafstoß nach einem Regelverstoß im Strafraum.

Flanke: Flugball von der Seite des Spielfelds.

Foul: Regelwidriges Verhalten, das mit Frei- bzw. Strafstoß (= Elfmeter) und/oder Gelber bzw. Roter Karte bestraft wird.

Freistoß: Anspiel des Balls nach einem Regelverstoß.

Gelbe Karte: Verwarnung bei Regelverstößen.

Halbzeit: Ein Spiel besteht aus zwei Halbzeiten von je 45 Minuten mit einer Halbzeitpause dazwischen.

Pass: Den Ball einem Mitspieler gezielt zuspielen.

Rote Karte: Platzverweis bei schwerem Regelverstoß oder wenn ein Spieler bereits eine Gelbe Karte hatte. Sie zieht eine Spielsperre nach sich.

Leserätsel

mit dem Leseraben

Hast du die Geschichte ganz genau gelesen? Der Leserabe hat sich ein paar spannende Rätsel für echte Lese-Detektive ausgedacht. Mal sehen, ob du die Fragen beantworten kannst. Wenn nicht, lies einfach noch mal auf den Seiten nach. Wenn du die richtigen Antwortbuchstaben in die Kästchen auf Seite 46 eingesetzt hast, bekommst du das Lösungswort.

Fragen zur Geschichte

1. Womit kicken die Turbo 5 auf dem Schulhof? (Seite 9)

L : Mit einem Fußball.

T : Mit einem Tennisball.

2. Warum spielt Jan besser Fußball als die Turbo 5? (Seite 15)

U : Jan hat eine gute Technik.

E : Jan rennt schneller.

3. Was verteilen die Turbo 5 auf dem Fußballplatz? (Seite 20)

D : Matsche.

R : Ziegenkötel.

4. Warum meinen die Profis, sie würden nicht ausrutschen? (Seite 24)

E : Weil sie besser spielen.

O : Weil sie Fußballschuhe tragen.

5. Was war Jan früher im Fußballverein? (Seite 35)

6 : Torwart.

5 : Trainer für die Kleinen.

Lösungswort:

1	2	3		4		5
T	U	R	B	O		6

Claudia Ondracek

Die Bolzplatz-Bande macht das Spiel!

Mit Bildern von Leopé

Für die fünf der Villa-Anna-Gang!

Ich danke Jan Kelly vom Friedenauer TSC
und Tim Wünnemann für ihre fachliche Beratung.

Inhalt

Nicht mit dabei

Zur Bolzplatz-Bande gehören:
Jan, Juri, Lea, Leon, Max und Maya.
Meist spielen die sechs Fußball.

Aber heute halten sie Kriegsrat –
die Jungs vom Fußballklub Friedenau
haben sie zu ihrem
E-Jugend-Turnier eingeladen.

„Da laufen doch nur Fußballer
in Hochglanz-Trikots rum“, mault Maya.
„… die sich für was Besseres
halten“, ergänzt Lea.

Leon nickt: „Und auf das Getue
habe ich keine Lust!“

„Da wird auch guter Fußball gespielt“,
hält Jan dagegen.
„Den spiel ich lieber selbst“,
sagt Juri und grinst.

„Aber zuschauen …“, setzt Jan an.

„Dann geh doch“,
meint Max und schaut in die Runde.
„Will noch einer?“

Leon, Juri, Maya und Lea
schütteln die Köpfe.

Was für eine Chance!

Jan läuft zum Fußballplatz.
Dort machen sich die Spieler warm.
Fünf E-Jugend-Mannschaften
treten gegeneinander an.
Nur Friedenauer sieht Jan kaum.

„Wo stecken die nur?“,
wundert sich Jan.
„Das Turnier beginnt doch schon
in einer halben Stunde!“

Da tönt es aus dem Lautsprecher:
„Jan Leitner, Jan Leitner,
bitte zum Haupteingang kommen!“

Am Eingang steht Jakob.
„Da bist du ja!“, ruft er Jan zu.
„Wo sind die anderen?“

Jan zuckt mit den Schultern.
„Die hatten keine Lust.“
Jakob schießen Tränen
in die Augen.

„Verdammt“, murmelt er.
„Fünf Spieler stecken im Stau fest.
Wann die kommen,
steht in den Sternen …
… wir sind zu wenig Spieler,
wir brauchen euch …
… Herr Kelly,
unser Trainer,
st einverstanden.
Und die
Turnierleitung
ausnahmsweise
auch!“

Jan strahlt.

Was für eine Chance!

„Ich mach mit“, sagt er sofort.

„Wir brauchen aber noch

vier Spieler mehr“, drängt Jakob.

„Bitte ruf die anderen an!“

Jan und Jakob laufen zu Herrn Kelly.
Der gibt ihnen sein Handy.
Bei Juri geht keiner ans Telefon.
Doch bei Maya hat Jan Erfolg.

Aber die meint nur schnippisch:
„Haben die Lackaffen
denn nicht mehr Ersatzspieler?“

Jan wird wütend:
„Ob mit Trikot oder ohne –
Fußballer sind wir alle!“

Und Jakob meint:
„Maya, bitte – wenn ihr
in 20 Minuten nicht da seid,
fliegen wir raus!“

Bitte auf den Platz

Der Friedenauer Trainer
drückt Jan ein Trikot
und Fußballschuhe in die Hand.

Dann machen sich
Jakob und Jan warm.

Sie schauen immer wieder
zum Eingang.
Aber keiner ist zu sehen.

Da knistern die Lautsprecher:
„Alle Mannschaften
bitte auf ihre Spielerbänke.
Wir geben die Auslosung
der Spiele bekannt.“

Die Friedenauer Fußballer
lassen die Köpfe hängen.

„Und nun zum Fußballklub Friedenau“,
tönt es aus dem Lautsprecher.
„Da aufgrund eines Staus
fünf Fußballer nicht hier sein können …“

„… springen folgende Spieler ein:
Jan, Juri, Maya, Leon und Lea –
und als Ersatzspieler Max.
Bitte begebt euch jetzt auf den Platz!“

Jan und Jakob starren sich an.
„Los jetzt, ihr Schlafmützen!“,
hören sie jemanden rufen.

Das ist Maya.
Zusammen mit den
anderen Bolzern läuft sie
über den Platz.

„Ich dachte, wir spielen?
Wir sind schon warm!
Wir sind nämlich hierhergerannt!“
Jakob springt auf.
„Danke!“, ruft er den Bolzern zu.

„Wofür?“, fragt Juri und grinst.
„Ein gutes Spiel haben sich die Turbo 6 noch nie entgehen lassen!“

Schnell weist Herr Kelly sie in ihre Positionen ein.
Da ertönt schon der Anpfiff!

Voller Einsatz

Das Zusammenspiel
klappt erst nicht so gut.
Die Bolzer sind zu aufgeregt:

Sie passen zu ungenau
und lassen sich den Ball abluchsen.
Bald steht es 0:1.

„Oh Mann!“, stöhnt Jan,
als sich sein Gegenspieler
wie eine Wand vor ihm aufbaut.
„Die bremsen uns ja total aus!“

„Dann lauf dich frei!“,
ruft Jakob ihm zu.
„Los jetzt, ihr habt uns
oft genug abgezogen!“

Da schlägt Jan einen Haken.
Er hängt seinen Gegner ab
und Jakob spielt ihm den Ball zu.

„Juri steht rechts frei!“, ruft Lea.
Aber Jan passt zu Jakob
in den Strafraum.

Als Jakob den Ball nimmt,
erwischt ihn ein Fuß an der Wade.

Jakob stürzt. Foul!
Der Schiedsrichter
pfeift einen Elfmeter.

Jakob legt den Ball
auf den Elfmeterpunkt.
„Schieß du“, sagt er zu Juri.
„Das war eigentlich dein Ball!“

Juri zögert.
Dann läuft er an …

… und drischt den Ball
unter der Querlatte ins Netz.

„1:1!“, brüllen die Friedenauer
und lassen Juri hochleben.
Nun gibt es kein Halten mehr!

Leon schießt aus dem Mittelfeld
eine lange Flanke vors Tor.
Dort stehen Maya und Jakob.

Maya steigt hoch.
Doch der Gegner vor ihr
köpft den Ball ins Aus.

„Autsch!“, schreit Maya,
als sie auf dem Boden aufkommt.
Sie ist mit dem Fuß umgeknickt.
Maya humpelt zur Außenlinie.

Dort wartet bereits Max.
„Mach was aus dem Eckball!“,
ruft ihm Maya zu.

Max hebt den Ball –
er fliegt direkt auf Tim zu.
Und der köpft ihn ins Tor.

„2:1!“, brüllt Max begeistert.
Und dabei bleibt es auch.

Jetzt geht's um die Wurst

„Ihr müsst jetzt alles geben",
spornt Herr Kelly seine Spieler an.
„Zwei Siege und ein Unentschieden.
Wenn wir das Spiel hier gewinnen,
dann sind wir Turniersieger!"

„Kein Problem“, sagt da jemand.
„Jetzt sind wir ja da!“
Hinter der Bank stehen
die fünf Friedenauer Spieler,
die im Stau stecken geblieben sind.

„Aber …“, protestiert Maya.
„Nichts aber“, sagt einer der fünf.
„Jetzt sind wir Profis gefragt!“

Da steht Jakob auf.
„Die sechs sind Profis“,
erwidert er scharf.

„Die sind für euch eingesprungen –
und die spielen jetzt auch
im letzten Spiel mit.“
Es herrscht Totenstille.

„Das finde ich auch!“,
sagt Tim in die Stille hinein
und stellt sich neben Jakob.

Nach und nach stehen
alle Friedenauer Spieler auf.
Herr Kelly nickt: „Klare Entscheidung!“

Die Friedenauer machen Druck.
Aber der Ball will nicht ins Tor.
„Los!“, brüllt Herr Kelly vom Rand.
„Gleich ist Schluss,
und wir brauchen das 1:0!“

Da macht Paul aus dem Tor heraus
einen weiten Abschlag.

Jakob stoppt den Ball mit der Brust
und schießt.

Der Ball knallt an den Pfosten.
„Verdammt!“, flucht Jakob
und stürmt zum Ball.

Doch Lea ist schneller.
Sie stoppt den Abpraller –
und zielt …

„Tor!“, schreit Jakob. „Super, Lea,
wir haben die drei Punkte!
Der Pokal gehört uns!“
Da ertönt der Abpfiff.

Jan macht einen Luftsprung
und ruft: „Wow, die Turbo 6
haben ihr erstes Turnier gewonnen!“

„Und eine Runde Fußballschuhe“,
ergänzt Herr Kelly und lacht.
„Denn wer so spielt, hat sie verdient!“

Wichtige Wörter bei Turnieren

Fußballturniere sind Wettbewerbe, bei denen zwei oder mehr Mannschaften gegeneinander antreten und um den Sieg spielen.

Auslosung: Am Anfang wird ausgelost, welche Mannschaft gegen welche Mannschaft oder in welcher Gruppe spielt.

Finale: Das Spiel zweier Mannschaften um den Turniersieg.

Halbfinale: Vier Mannschaften spielen um den ersten bis vierten Platz. Meist werden zwei Zweiergruppen gebildet: Die Gewinner jeder Gruppe spielen im Endspiel um Platz 1 und 2, die Verlierer um Platz 3 und 4.

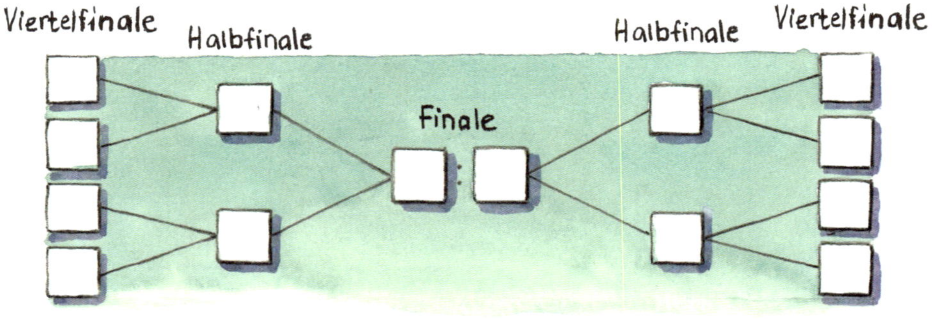

K.-o.-System: In jeder Spielrunde treten zwei Mannschaften gegeneinander an. Der Verlierer scheidet aus. Der Sieger kommt in die nächste Spielrunde.

Ligasystem (= Rundenturnier): Jede Mannschaft spielt gegen jede. Treten viele Mannschaften gegeneinander an, werden Gruppen mit mindestens drei Mannschaften gebildet. Die Punktesieger der Gruppen spielen dann wiederum gegeneinander um den Sieg.

Punkte: Damit werden die Spiele bewertet. Bei einem Sieg bekommt der Gewinner drei Punkte, bei einem **Unentschieden** jede Mannschaft einen Punkt.

Qualifikationsspiel: Um an Turnieren teilnehmen zu können, werden vorher meist Qualifikationsspiele durchgeführt. Hier wird in der Regel nach dem **K.-o.-System** gespielt.

Tabelle: Der Punktestand (**Punkte**) in der Tabelle zeigt die Rangfolge der Mannschaften an.

	Team	Pkt	Sp	S	U	N	T+	T-	Diff
1	FC Jux	15	6	5	0	1	12	5	+7
2	Toller VFB	13	6	4	1	1	10	4	+6
3	SV Spaß	7	6	2	1	3	6	7	-1
4	Wacker 05	0	6	0	0	6	3	15	-12

Unentschieden: Gleichstand der Tore beim Abpfiff.

Verlängerung: Steht es beim Abpfiff eines wichtigen Spiels unentschieden, folgt zunächst eine Verlängerung, bei weiterem Torgleichstand dann ein Elfmeterschießen.

Viertelfinale: Acht Mannschaften treten im **K.-o.-System** gegeneinander an und spielen um den Einzug ins **Halbfinale**.

Vorrundenspiel: Anderes Wort für die **Qualifikationsspiele** eines Turniers oder die Spiele der Turniergruppen vor den Finalrunden.

Leserätsel

mit dem Leseraben

Hast du die Geschichte ganz genau gelesen? Der Leserabe hat sich ein paar spannende Rätsel für echte Lese-Detektive ausgedacht. Mal sehen, ob du die Fragen beantworten kannst. Wenn nicht, lies einfach noch mal auf den Seiten nach. Wenn du die richtigen Antwortbuchstaben in die Kästchen auf Seite 90 eingesetzt hast, bekommst du das Lösungswort.

Fragen zur Geschichte

1. Warum will zuerst nur Jan zum Fußballturnier? (Seite 54)

T: Der Rest hat keine Lust auf das Getue der anderen Spieler.

S: Maya, Juri und die anderen möchten lieber fernsehen.

2. Weshalb kommen die fünf Friedenauer zu spät? (Seite 59)

A : Sie haben Angst zu verlieren.

O : Sie stecken noch im Stau.

3. Warum spielt Max am Anfang nicht mit? (Seite 66)

W: Er hat kein Hochglanz-Trikot.

J : Er ist der Ersatzspieler.

4. Aus welchem Grund muss Maya das Spielfeld verlassen? (Seite 76)

Ä: Sie knickt mit dem Fuß um.

B : Sie hat einen anderen Spieler gefoult.

5. Was bekommt die Bolzplatz-Bande für ihr gutes Spiel? (Seite 85)

I : Eine riesige Portion Eis.

E : Eine Runde Fußballschuhe.

Lösungswort:

1 T	2 O	R	3 J	4 Ä	G	5 E	R

Claudia Ondracek

Die Bolzplatz-Bande lässt nicht locker!

Mit Bildern von Leopé

Ich danke Tim Wünnemann, Martina Schrey
und Mike Klein für ihre fachliche Beratung.

Inhalt

Schwarz auf weiß!

Mitten auf dem Bolzplatz
steht ein Schild.
Darauf ist zu lesen:

Juri, Jan, Lea, Leon, Maya und Max
von der Bolzplatz-Bande
können es nicht fassen.

„Sind die total bekloppt?“,
schimpft Maya.
„Das ist unser Bolzplatz.“

„Genau“, stimmt Lea ihr zu.
„Hier spielen wir jeden Tag.
Den können sie uns
nicht einfach wegnehmen.“

„Schon gar nicht für
so ein doofes Einkaufszentrum“,
sagt Jan wütend.
„Wo sollen wir denn dann hin?“

„Na, in den Fußballklub“,
murmelt Max frustriert.
Juri springt auf.
„Das will ich aber nicht!“
„Wir auch nicht!“, rufen die anderen.
„Aber was tun wir dagegen?“,
fragt Leon und schaut in die Runde.

Der Plan

Am nächsten Tag betreten die Turbo 6
mit Herzklopfen die Schule.
Was wird der Rektor
zu ihrem Plan sagen?

„Ihr wollt also schulfrei haben,
weil ihr ein Turnier
auf dem Bolzplatz machen wollt?“,
fragt der Rektor.

„Genau“, erwidert Jan.
„Als Protestaktion.
Denn der Bolzplatz
soll Bolzplatz bleiben!“

„Und weil Bauarbeiter immer früh
zu arbeiten anfangen,
muss das Fußball-Turnier
auch gleich morgens beginnen“,
erklärt Maya.

„Eine abenteuerliche Idee“,
sagt der Rektor und lacht.
„Und wer soll da mitspielen?
Die anderen Kinder sind
doch alle in der Schule.“

Die sechs zucken mit den Schultern.
Daran haben sie nicht gedacht.

„Eigentlich könnten ja
alle Schüler und Lehrer
mal wieder frische Luft vertragen.
Wärt ihr einverstanden,
wenn die ganze Schule mitmacht?“
Die Turbo 6 starren den Rektor an.
Damit haben sie nicht gerechnet.
„Klar, danke!“, rufen sie begeistert.

Alle Hände voll zu tun

Jetzt heißt es für die Bolzer:
Blitzschnell das Turnier vorbereiten.
Aber wo anfangen, wenn man
so etwas noch nie gemacht hat?
„Kommt, wir fragen die Spieler
vom Friedenauer Fußballklub“,
schlägt Lea vor und ruft Tim an.

Sie treffen sich im Fußballklub.
„Wir sind mit dabei“, sagt Tim sofort.
„Pro Mannschaft brauchen wir
sieben Spieler und zwei Ersatzspieler.
Das reicht für so ein Turnier!
Wie viele Leute haben wir?“

Die Bolzer zählen die Namen
auf der Liste, die ihnen
der Rektor gegeben hat.

„Das sind 16 Mannschaften“, sagt Jakob.
„Sollen wir euch mit Spielern aushelfen?“

Juri winkt ab.
„Kein Problem, aus unserer Klasse
spielen Marta, Tom und Felix mit.
Das kriegen wir schon hin!“

„Am besten spielt ihr
nach dem K.-o.-System“,
sagt Herr Kelly,
der Trainer der Friedenauer.
„Da kommen nur die Sieger
in die nächste Spielrunde.
Die Verlierer scheiden aus.
Das geht schneller!“

Die Turbo 6 nicken.
„Wir brauchen noch
einen Schiedsrichter", fällt Max ein.
„Können Sie das nicht machen?"
Herr Kelly lacht.
„Okay, aber nur, wenn die Spiele
nicht länger als 12 Minuten dauern.
Sonst halte ich das nicht durch!"

Der große Tag

Am Turniertag ist schon früh die Hölle los: 16 Mannschaften tummeln sich auf dem Bolzplatz. Massen an Zuschauern drängeln sich um den Zaun.

Und die Presse ist auch da, um von der Aktion zu berichten. Die hat Herr Kelly informiert.

Als die Bagger anrollen,
versperren Schüler und Lehrer
den Zugang zum Platz und brüllen:
„Der Bolzplatz soll Bolzplatz bleiben!“
Gegen so einen Protest haben
die Bauarbeiter keine Chance.
Sie stellen murrend die Bagger ab
und geben dem Bauherrn Bescheid.

Da ertönt der Anpfiff fürs erste Spiel.
Die Bauarbeiter spähen neugierig
über die Köpfe der Zuschauer hinweg.
„Kommen Sie doch mit vor“,
lädt der Rektor die Bauarbeiter ein.
Die mischen sich zögernd
unter die Leute.

Dann ist die Bolzplatzbande dran.
Sie gehen das Spiel ruhig an,
damit Marta sich einspielen kann.

Aber die andere Mannschaft
macht ganz schön Tempo und
luchst ihnen den Ball oft ab.

Doch dann stoppt Leon
einen Pass des Gegners
mit der Brust.

Geschickt umläuft er die Gegner.
Er sieht Marta frei stehen und passt.

Marta nimmt den Ball mit Links
und schießt … Tor!

„Genialer Linksfuß!“, ruft Juri
Marta anerkennend zu.

Da schießt ein Gegner
eine lange Flanke vors Tor der Bolzer.
„Aufgepasst!“, brüllt Max
und sprintet los.

Aber Jan hechtet schon aus dem Tor –
und begräbt den Ball unter sich.

„Wo war die Verteidigung?“,
faucht Jan seine Mannschaft an.
Da pfeift Herr Kelly ab.

„Beruhige dich“, sagt Lea.
„1:0 für uns – wir sind
in der nächsten Runde!“

„Das war knapp“, meint Tim
von den Friedenauern,
als die Turbo 6 vom Platz kommen.

„Gewonnen ist gewonnen“, grinst Maya.
„Das müsst ihr erst noch schaffen!“

Doch als Profis haben
die Friedenauer keine Probleme.
Sie machen ihre Spiele mit links.

„Strengt euch bloß an!“,
ruft Jakob den Bolzern zu.
„Wir wollen gegen euch antreten –
und zwar im Finale!“
„Das werdet ihr“, erwidert Leon.

Sieg auf der ganzen Linie

Und wirklich – mittags steht fest:
Die Bolzer ziehen
mit den Friedenauern ins Finale ein.
„Na dann los …“, sagt Herr Kelly
und legt den Ball auf den Anstoßpunkt.

Plötzlich röhren die Bagger.
Lea hält mitten im Schuss inne.
„Fangen die jetzt doch an
zu baggern?“, fragt sie erschrocken.

„Nein!“, brüllt der Rektor vom Rand.
„Das waren die Fanfaren fürs Finale!“
Die Zuschauer grölen begeistert.

Da legen die Spieler los.
Sie jagen dem Ball hinterher,
kämpfen mit allen Tricks
und nutzen jede Chance vor dem Tor.

Doch beim Abpfiff steht es 1:1.
Unentschieden!

„5 Minuten Verlängerung!“,
ruft Herr Kelly und pfeift an.

Felix von den Bolzern stößt an.
Da steht plötzlich Jakob
wie aus dem Nichts vor ihm
und fängt den Ball ab.

Jakob sprintet los,
hängt seine Verfolger ab,
zielt – und Tor!

Doch Maya startet gleich
nach dem Anstoß den Gegenangriff.
Sie passt zu Leon in den Mittelraum.

Leon schlägt einen Haken um Tim
und stürmt wie ein Pfeil nach vorn.

Juri steht vor dem Tor.
Leon hebt den Ball nach vorn.
Juri steigt hoch – und köpft.

Der Friedenauer Torwart springt …

… aber der Ball fliegt ins Netz. 2 : 2!

Ein Pfiff ertönt – Spielende!
„Es bleibt beim Unentschieden!“,
ruft Herr Kelly.
„Wir haben also zwei Turniersieger!“
Die Fußballer jubeln.

„Liebe Fußballfreunde“,
ertönt da plötzlich eine Stimme.
Alle starren zu dem Mann
mit Krawatte und Megafon.
„Ich bin Herr Breuer, der Bauherr
des geplanten Einkaufzentrums.“
Buh-Rufe und Pfiffe erschallen.
Herr Breuer räuspert sich.

„Ich bin beeindruckt, was man hier
auf die Beine gestellt hat.
Ich werde das Einkaufszentrum
deshalb an einem anderen Ort bauen.
Der Bolzplatz muss Bolzplatz bleiben!“

Was Herr Breuer noch sagt,
geht in lautem Jubel unter:
Alle klatschen und grölen –
und lassen die Turbo 6 hochleben.
„Wer hätte gedacht,
dass ihr sechs das schafft!“,
sagt Marta und grinst.

„Du meinst wohl, wir sieben!“,
ruft Juri und fällt Marta in die Arme.
„Willkommen in der Turbo 7!“
Und dann drehen die beiden Sieger
unter dem Jubel der Zuschauer
noch eine Ehrenrunde
um den Bolzplatz!

Wichtige Spielregeln beim Fußball

Abseits

Ein angreifender Spieler ist im Abseits, wenn er beim Pass eines Mannschaftskollegen der Torlinie des Gegners näher ist als der Ball und der vorletzte Abwehrspieler. Als Regelverstoß gilt die Abseitsstellung des Spielers nur, wenn er aktiv am Spielgeschehen teilnimmt.

Abstoß

Anspiel des Balles aus dem eignen Torraum (meist durch den Torwart), wenn der Ball durch einen Angreifer der gegnerischen Mannschaft über die Torlinie geschossen wird.

Eckstoß

Anspiel des Balles durch die angreifende Mannschaft von der Ecke aus. Zum Eckball kommt es, wenn der Ball durch einen Abwehrspieler über die eigene Torlinie gespielt wird.

Einwurf

Wenn der Ball über eine Seitenlinie des Spielfeldes rollt, darf die Mannschaft, die den Ball zuletzt nicht berührt hat, den Ball an dieser Stelle zurück ins Spielfeld werfen.

Handspiel

Der Ball wird von einem Spieler absichtlich mit Armen und Händen gespielt. Handspiel gilt als Regelverstoß.

Regelverstoß

Verstößt ein Spieler gegen die Spielregeln durch ein Foul (wie z. B. hartes Anrempeln, Beleidigen, Stoßen etc., siehe auch S. 43), Handspiel oder Abseits, wird das Spiel durch den Schiedsrichter unterbrochen. Der Regelverstoß wird mit Freistoß (siehe S. 43) oder Strafstoß und/oder Gelber oder Roter Karte (siehe ebenfalls S. 43) bestraft.

Schiedsrichter

Er sorgt dafür, dass die Spielregeln eingehalten werden und unterbricht bei einem Regelverstoß sofort das Spiel. Seinen Entscheidungen darf nicht widersprochen werden.

Leserätsel

mit dem Leseraben

Hast du die Geschichte ganz genau gelesen? Der Leserabe hat sich ein paar spannende Rätsel für echte Lese-Detektive ausgedacht. Mal sehen, ob du die Fragen beantworten kannst. Wenn nicht, lies einfach noch mal auf den Seiten nach. Wenn du die richtigen Antwortbuchstaben in die Kästchen auf Seite 133 eingesetzt hast, bekommst du das Lösungswort.

Fragen zur Geschichte

1. Warum sind Juri und seine Freunde entsetzt, als sie auf ihren Bolzplatz kommen? (Seite 96/97)

F: Weil dort ein Einkaufszentrum gebaut werden soll.

N: Weil der ganze Platz unter Wasser steht.

2. Warum ruft Lea Tim von den Friedenauern an?
(Seite 104/105)
R: Sie will mit ihm Fußball spielen.
L: Tim soll ihnen helfen, das Turnier vorzubereiten.

3. Wer ist der Schiedsrichter des Turniers?
(Seite 108)
B: Der Schuldirektor der Turbo 6.
N: Herr Kelly, der Trainer des Friedenauer Fußballklubs.

4. Wie viele Mannschaften nehmen am Turnier teil?
(Seite 109)
H: 7 Mannschaften.
K: 16 Mannschaften.

Lösungswort:

1	2	A	3	4	E

Claudia Ondracek wollte nach ihrem Geschichtsstudium erst in einem Museum arbeiten, landete dann aber im Kinderbuchverlag. Schnell hat sie gemerkt, dass sie sich zwischen frechen Hexen, wilden Indianern und klapprigen Dinosauriern richtig wohlfühlt. So fing sie vor einigen Jahren selbst an zu schreiben. Und seit sie mit ihrem Sohn und seinen Freunden auf dem Spielplatz Fußball spielt, fallen ihr auch zum runden Leder jede Menge turbulente Geschichten ein.

Leopé wurde in Heilbronn geboren. Nach dem Grafik-Design-Studium in Stuttgart und einer Ausbildung zum Erzieher zog es ihn 1984 nach Berlin. Seitdem arbeitet er dort als freier Maler, Autor und Illustrator und hat mittlerweile zahlreiche Kinderbücher veröffentlicht. Ein Vereinskicker war er nie, dafür hat er auf dem Bolzplatz schon so manchen strammen Schuss gehalten.

Leserätsel

mit dem Leseraben

Der Leserabe hat sich für dich noch einige Extra-Rätsel zu den Geschichten ausgedacht! Wenn du Rätsel 4 auf Seite 137/138 löst, kannst du ein Buchpaket gewinnen!

Rätsel 1

In dieser Buchstabenkiste haben sich vier Wörter aus den Geschichten versteckt. Findest du sie?

X	T	O	R	Y	U	B
V	M	L	H	G	P	A
T	R	I	K	O	T	L
Z	O	T	C	X	H	L
B	N	G	E	F	W	Ä
T	U	R	N	I	E	R

Rätsel 2

Der Leserabe hat einige Wörter aus den Geschichten auseinandergeschnitten. Immer zwei Silben ergeben ein Wort. Schreibe die Wörter auf ein Blatt!

-ten ju- köp- Tur- -beln -bo Pfos- -fen

Rätsel 3

In diesem Satz aus den „Fußballgeschichten“ von Seite 31 sind sieben falsche Buchstaben versteckt. Lies ganz genau und trage die falschen Buchstaben der Reihe nach in die Kästchen ein.

Die Tturbo 5 kämpfen voerbissen.
Aberr die Schwüsse vaon Torrjäger
Jakobt kann Juri einfach nicht halten.

1	2	3	4	5	6	7

Rätsel 4

Beantworte die Fragen zu den Geschichten. Wenn du dir nicht sicher bist, lies auf den Seiten noch mal nach!

1. Wo ist das Versteck der Bolzplatz-Bande? (Seite 17)
B: Hinter dem Ziegenstall im Tierpark.
G: Auf dem Schulhof.

2. Was muss der Verlierer im Spiel gegen die Friedenauer tun? (Seite 25)
E: Er muss den anderen ein Eis spendieren.
O: Den Platz sauber machen.

3. Warum spielt die Bolzplatz-Bande anfangs so schlecht? (Seite 69)
Z: Weil Juri und seine Freunde so aufgeregt sind.
C: Weil sie sich nicht warm gemacht haben.

4. Wer schießt das letzte, entscheidende Tor beim E-Jugend-Turnier? (Seite 84)
L: Lea.
M: Jakob.

5. Was passiert, als die Bagger auf dem Bolzplatz anrollen? (Seite 110)

U : Die Bolzer müssen den Platz räumen.

A: Schüler und Lehrer versperren den Baggern den Zugang zum Platz.

6. Was verkündet Herr Breuer, der Bauherr des Einkaufszentrums? (Seite 127)

P : Dass das Einkaufszentrum erst später gebaut wird.

Z: Dass das Einkaufszentrum an einem anderen Ort gebaut wird.

Lösungswort:

1	2	L	3	P	4	5	T	6

Rabenpost

Super, alles richtig gemacht! Jetzt wird es Zeit für die RABENPOST.
Schicke dem LESERABEN einfach eine Karte mit dem richtigen Lösungswort. Oder schreib eine E-Mail. Wir verlosen jeden Monat 10 Buchpakete unter den Einsendern!

An den LESERABEN
RABENPOST
Postfach 2007
88190 Ravensburg
Deutschland

leserabe@ravensburger.de
Besuch mich doch auf meiner Webseite:
www.leserabe.de

Lösungen:
Rätsel 1: Tor, Ball, Trikot, Turnier
Rätsel 2: jubeln, Turbo, köpfen, Pfosten
Rätsel 3: Torwart

Ravensburger Bücher vom Leseraben

1. Lesestufe für Leseanfänger ab der 1. Klasse

ISBN 978-3-473-**36204**-2

ISBN 978-3-473-**36389**-6

ISBN 978-3-473-**36393**-3

2. Lesestufe für Leseanfänger ab der 2. Klasse

ISBN 978-3-473-**36208**-0

ISBN 978-3-473-**36173**-1

ISBN 978-3-473-**36395**-7

3. Lesestufe für Leseanfänger ab der 3. Klasse

ISBN 978-3-473-**36210**-3

ISBN 978-3-473-**36214**-1

ISBN 978-3-473-**36187**-8

ERZ_09_004

www.ravensburger.de / www.leserabe.de

Ravensburger